Das Abenteuer meines Lebens

Wie ich meinen größten
Helden gefunden habe

Nadine Dzolic · Kathy Weber

Die hier vorgestellten Informationen und Methoden sind von den Autoren nach bestem Wissen und Gewissen geprüft, dennoch übernehmen die Autoren keinerlei Haftung für Schäden irgendeiner Art, die sich direkt oder indirekt aus dem Gebrauch dieser Informationen oder Methoden ergeben. Jegliche Haftung der Autoren für Personen-, Sach- und Vermögensschäden ist ausgeschlossen. Im Zweifel, insbesondere bei körperlichen oder psychischen Erkrankungen, empfiehlt es sich, einen Arzt, Heilpraktiker oder Therapeuten aufzusuchen. Die hier vorgestellten Methoden ersetzen nicht die Behandlung durch einen Arzt, Heilpraktiker oder Therapeuten und auch nicht die von einem Arzt oder Heilpraktiker empfohlenen Medikamente. Sie empfehlen sich jedoch als wertvolle Ergänzung hierzu.

2. Auflage
November 2019
Copyright © 2019 bei Nadine Dzolic und Kathy Weber
Herstellung und Verlag: BoD – Books on Demand, Norderstedt
Umschlaggestaltung: Nadine Dzolic
Illustration: STAR JAM for Kids
Satz und Layout: Nadine Dzolic
Lektorat: Nadine Dzolic / Kathy Weber

ISBN: 9783750410336

Bibliografische Information der Deutschen Nationalbibliothek: Die Deutsche Nationalbibliothek verzeichnet diese Publikation in der Deutschen Nationalbibliografie; detaillierte bibliografische Daten sind im Internet über dnb.dnb.de abrufbar.

Das Werk, einschließlich seiner Teile, ist urheberrechtlich geschützt. Jede Verwertung außerhalb der engen Grenzen des Urheberrechtsgesetzes ist ohne Zustimmung der Autoren unzulässig. Dies gilt insbesondere für die elektronische oder sonstige Vervielfältigung, Übersetzung, Verbreitung und öffentliche Zugänglichmachung.

Widmung

Dieses Buch widmen wir
unseren Kindern.

> Wir empfehlen, das Buch vorab ohne Kind zu lesen. So kann ein Gefühl für den Inhalt entstehen und der Hinweis am Ende des Buches beachtet werden.

Hinweise zur Nutzung dieses Buches

Für Kinder ab etwa 5 Jahren.

Dieses Buch möchte die wertschätzende Kommunikation zwischen Kindern und ihren Bezugspersonen fördern und Inspirationen zur Umsetzung liefern. Es lädt dazu ein, die Bindung zu stärken, das Verständnis zu fördern und den Wortschatz zu schulen. Denn um einander verstehen zu können, ist es hilfreich, aktiv über Gefühle und Bedürfnisse zu sprechen.

Die Feder lädt euch zur Kommunikation ein. Du darfst deinem Kind aktive Fragen stellen oder zur Visualisierung animieren. Dies fördert sowohl Empathiefähigkeit als auch Vorstellungskraft.

Die Informationen in den Sprechblasen sind an Eltern bzw. Bezugspersonen gerichtet. Hier findet ihr nützliche Informationen und weiterführende Hinweise.

Lasst uns an euren Erfahrungen teilhaben.
Wir freuen uns, euch bei Instagram zu treffen.

 ein_glaubenssatz_fuer_dich   _kathy.weber_

Hier findest du Platz für persönliche Worte

 Nadine Dzolic ist die Autorin der Kinderbuch-Bestseller ‚Ein Glaubenssatz für dich'. In ihrer Arbeit als Coach für geführte Visualisierung und Autorin weiß Nadine Dzolic um die Fähigkeit der Vorstellungskraft. Es ist ihr ein Herzensanliegen, Kinder in ihrem Glauben an sich selbst zu unterstützen, damit sie das Potenzial entwickeln können, das in ihnen steckt.

Nadine über dieses Buch

„Ich bin überzeugt davon, dass nur Kinder, die an sich selbst glauben, zu einer Welt, die von Liebe und Frieden dominiert wird, beitragen können. Sie werden zu empathischen Erwachsenen, die ihren Wert nicht von äußeren Gegebenheiten abhängig machen und ihr Herz in Frieden tragen.

Mit diesem Buch, welches die Kraft der Visualisierung mit der Gewaltfreien Kommunikation nach Marshall B. Rosenberg vereint, lebe ich meine Vision und trage zu der Wahrwerdung meiner Überzeugung bei. Zwei kraftvolle Methoden, die es unseren Kindern ermöglichen, gehört und gesehen zu werden und sie gleichzeitig dabei unterstützen, ihr volles Potenzial zu entwickeln.

Mit meinen ersten beiden Büchern ist es mir bereits gelungen, über 1.000 Kinder in ihrem Glauben an sich selbst zu unterstützen. Mit diesem Buch und Kathy an meiner Seite, möchte ich diese Zahl verzehnfachen. Kinder, die an sich glauben, sind der Antrieb meiner Bemühungen.

Mein inneres Kind feiert mit jedem Kind, das über sich hinaus wächst, eine Party. Diese Party darf niemals enden."

Alles liebe für euch,
eure Nadine

Kathy Weber ist nicht nur Fernsehmoderatorin und Trainerin der Gewaltfreien Kommunikation, als Beraterin und Coach unterstützt sie Eltern und Pädagogen ebenso dabei, eine Beziehung zu Kindern zu entwickeln, die sich auch in Konfliktsituationen durch Liebe, Nähe, Verständnis, Geborgenheit, Wärme, Freiheit, Vertrauen und Respekt auszeichnet.

Kathy über dieses Buch

„Ich möchte Eltern und Pädagogen dabei unterstützen zu verstehen, was Kinder mit ihrem Verhalten wirklich zum Ausdruck bringen wollen. Ich möchte sie animieren, Konflikte im Alltag mit Kindern so zu lösen, dass alle bekommen, was sie brauchen. Die Gewaltfreie Kommunikation ist das für mich effektivste Werkzeug für diese Herausforderung.

Während der Schwangerschaft mit meinem ersten Kind bin ich zum ersten Mal mit der Gewaltfreien Kommunikation in Berührung gekommen und stellte mir ziemlich schnell die Frage, wie meine Beziehung zu meinen Kindern aussehen kann. Mit der Gewaltfreien Kommunikation habe ich die für mich passende Kommunikationsstrategie gefunden, welche mittlerweile viel mehr, als nur ein Tool für mich ist. Sie ist für mich die Antwort auf die Frage, wie ich leben will.

Mit diesem Buch gebe ich meiner Arbeit einen visuellen Rahmen. Gemeinsam mit Nadine möchte ich so viele Menschen(-kinder) wie möglich erreichen, sie für die Gewaltfreie Kommunikation begeistern und die Welt ein wenig freundlicher gestalten."

Viel Freude beim Lesen,
eure Kathy

Das Geheimnis

Ich verrate dir etwas.

Etwas ganz wichtiges.

Es gibt ihn.

Es gibt ihn wirklich.

Einen Superhelden.

Nein.

Nicht diesen.

Einen anderen.

Einen besonderen.

Mit Superkräften.

Mit besonderen Superkräften.

Wie er heißt? Das weiß ich nicht.

Wie er aussieht? Das weiß ich auch nicht.

Und auch die Frage nach seiner Superkraft kann ich dir heute leider nicht beantworten. Ich weiß nicht einmal, ob es sich bei diesem Helden um einen Jungen oder um ein Mädchen handelt.

Bist du jetzt neugierig, aufgeregt oder gespannt? Wie fühlst du dich gerade?

Wir wollen die Verbindung zu den eigenen Gefühlen herstellen und den Gefühlswortschatz schulen bzw. erweitern. Mit empathischen Fragestellungen wird das Bedürfnis nach Gesehenwerden erfüllt – Ein sehr ausgeprägtes Bedürfnis vieler Kinder.

Was ich jedoch ganz sicher weiß ist, dass wir es gemeinsam herausfinden können. Bist du bereit, ihn gemeinsam mit mir zu suchen und auf eine abenteuerliche Entdeckungsreise zu gehen?

Bist du bereit für diese Reise?

Weißt du, was mir dabei besonders wichtig ist? Vertrauen! Ich möchte, dass diese Suche unser Geheimnis bleibt. Denn nicht einmal die besten Geheimagenten wissen, dass es diesen Superhelden gibt.

Bist du bereit, unser Geheimnis für dich zu behalten?

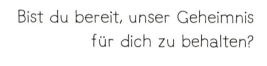

Wir wollen auf Forderungen verzichten, die Frage nach der Bereitschaft ist als Einladung zu verstehen. Dein Kind darf NEIN sagen.

Wir empfehlen erst weiterzulesen, wenn dein Kind beide Fragen mit einem JA beantworten kann. Ist dein Kind nicht bereit, kann es aktiv gefragt werden, was es daran hindert, JA zu sagen.

WICHTIG: Weiterlesen ist kein Muss.

Wir machen uns auf die Reise

Ich habe zwei Rucksäcke. Zwei große Rucksäcke für unsere Reise. Einen für dich und einen für mich. Ja, die brauchen wir. Dort packen wir alles rein, was wir für unsere Reise benötigen. Alles, was wir brauchen, um uns so richtig wohlzufühlen, nehmen wir mit. Wir allein entscheiden, was wir mitnehmen.

Du entscheidest ganz alleine:
Was kommt in deinen Rucksack?

Autonomie:

Das Bedürfnis alleine zu entscheiden und Tätigkeiten alleine durchzuführen ist bei Kindern sehr ausgeprägt. Unterstütze dein Kind, indem du ihm im Alltag den Raum dafür gibst.

Wir schlüpfen also in unsere Gummistiefel und machen uns auf den Weg. Auf den Weg, um den einzig wahren Superhelden zu finden. Ich bin schon richtig aufgeregt, weil ich mich auf das Abenteuer mit dir freue.

Und da ich weiß, dass du mich begleitest, fühle ich mich ganz stark. Denn das gibt mir Sicherheit. Zu zweit bin ich mutig genug, dieses Abenteuer anzutreten.

Was gibt DIR Sicherheit?

Überlege gemeinsam mit deinem Kind, was ihm Sicherheit gibt. Das können Dinge oder auch Handlungen sein, die ihr gemeinsam macht (z.B. kuscheln, Hand halten). Ihr denkt gemeinsam über mögliche Strategien für die Erfüllung des Bedürfnisses nach Sicherheit nach.

Der erste Hinweis

Wir sind noch nicht lange gelaufen, als uns plötzlich ein großes braunes Schild auffällt. Ein Schild aus altem, fast verrottetem Holz. Wir gehen ein Stück näher, um den Hinweis auf dem Schild zu lesen. Vielleicht hilft er uns bei unserer Suche. Doch das Schild ist so alt, dass wir das Geschriebene kaum erkennen können.

Was kannst du auf dem Schild erkennen?
Möchtest du noch etwas in das Schild ritzen?

Dein Kind möchte etwas in das Schild ritzen? Versucht gemeinsam das Schild zu beschreiben.

Was ritzt dein Kind hinein? Spreche aus, was du siehst. Wir wollen beobachten, nicht bewerten.

Ich bin enttäuscht, dass uns dieser Hinweis nicht weiter hilft und fühle mich ratlos. Ich brauche eine Pause.

Um mich etwas auszuruhen setze ich mich auf einen Stein. Ich nutze die Gelegenheit, um meinen Gummistiefel auszuziehen. Ich möchte unbedingt den kleinen Stein entfernen, der schon die ganze Zeit in meinem Stiefel drückt.

Nun, wo ich den Stein aus meinem Gummistiefel kippe, bemerke ich die großen Spuren, die sich auf dem Sandweg befinden. Irgendjemand hat sie hier hinterlassen. Wer kann das gewesen sein?

Glaubst du, das ist ein Hinweis?

Ich bin überzeugt davon: Das ist der erste Hinweis auf unserer Reise. Wir kommen unserem Superhelden immer näher.

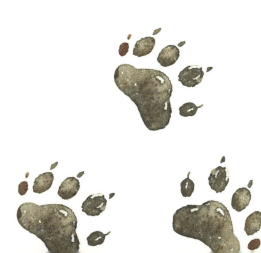

Wir schaffen das

Wir ziehen unsere Gummistiefel wieder an und gehen weiter.

Ich sehe mich noch einmal nach dir um, um sicher zu sein, dass du bei mir bist. Da diese Reise so aufregend für mich ist, brauche ich Unterstützung.

Bist du bereit, mich weiter auf dieser Reise zu begleiten?

Ich sehe dich direkt neben mir. Mit dir an meiner Seite fühle ich mich startklar für dieses Abenteuer.

Antwortet dein Kind mit einem JA, dann geht es weiter. Antwortet dein Kind mit einem NEIN, dann frage es: „Ist das so aufregend gerade?" oder „Brauchst du eine Pause?"

Wichtig: Das Kind darf NEIN sagen. Ihr lest erst weiter, wenn es bereit dazu ist.

Weiter auf unserem Weg zeigt sich plötzlich eine große und tiefe Pfütze. Wie durch Zauberhand tauchte sie vor uns auf und versperrt uns den Weg. Vielleicht möchte der Superheld, dass wir stehen bleiben. Vielleicht möchte er ungestört sein.

Doch wir wollen weiter und stellen uns der Herausforderung. Wir überprüfen den Sitz unserer Gummistiefel, nehmen uns an die Hand und rennen durch. So schnell wir können. Das Wasser spritzt dabei bis zu den Wolken.

„Wir schaffen das„
Wollen wir es einmal zusammen sagen?

Glaubenssätze definieren unsere Persönlichkeit und können uns fördern oder behindern. Je nachdem, was wir für richtig und wahr halten.

Kinder, die an sich selbst glauben, gehen mit Mut und Selbstvertrauen durch das Leben und machen ihren Selbstwert nicht von äußeren Gegebenheiten abhängig.

Die Kraft der Sonne

Puh, geschafft. Unsere Beine haben uns hindurch getragen. Wir sind so schnell gelaufen, dass wir von oben bis unten nass geworden sind.

Wie fühlst du dich jetzt in deiner nassen Kleidung?

> Gefühle sind so individuell, wie der Mensch selbst. Wichtig: Alle Gefühle sind ok und wollen NICHT bewertet werden.

Ich fühle mich in der nassen Kleidung sehr unwohl und brauche etwas Wärme. Um mich zu wärmen, lege ich mich in die Sonne. Durch Sonnenstrahlen trocknet nasse Kleidung nämlich besonders schnell. Außerdem lädt die Sonne unsere Energie wieder auf, die wir dringend für unsere Reise benötigen.

Komm, ich habe eine Decke dabei, auf die wir uns legen können.

Legst du dich mit mir in die Sonne?

> Antwortet dein Kind mit einem NEIN, dann frage es, was es lieber machen möchte.

Wir legen uns auf meine gelb karierte Decke und lassen uns von der Sonne wärmen. Die Sonnenstrahlen kitzeln uns in der Nase und wir können zusehen, wie unsere Kleidung trocknet.

Plötzlich hören wir ein eigenartiges Geräusch und schrecken auf. Hörst du das auch? Es klingt nach dem Knistern eines Feuers. Wollen wir nachsehen, woher das Geräusch kommt?

Bist du gerade neugierig, aufgeregt oder gespannt?

Um den Gefühlswortschatz deines Kindes zu schulen, werden hier 3 Gefühle vorgeschlagen, die sich sehr ähneln, aber dennoch verschieden sind.

Gefühle sind ein Wegweiser zu unseren Bedürfnissen. Alle Gefühle sind in Ordnung und willkommen. Versuche, den Gefühlswortschatz deines Kindes spielerisch zu schulen, indem ihr eure Gefühle in Alltagssituationen hinterfragt und benennt.

Der kleine Hase

Wir setzen uns auf und sehen uns nach dem Geräusch um.

Wie hört sich das Geräusch für dich an?

Nach einiger Zeit erkennst du Bewegungen auf einem Grashügel. Wir gehen hinüber und erkennen: Hier sitzt tatsächlich ein Hase an einem Lagerfeuer.

Was glaubst du, wie fühlt sich der Hase gerade?

Sprich mit deinem Kind über mögliche Gefühle.

Diese könnten sein:

Wohl, zufrieden, friedlich, warm, müde, glücklich, einsam.

Ich begrüße den Hasen und bin überrascht, dass er antwortet. Das ist der erste Hase, den ich sprechen höre. Ob er einen Hinweis für uns hat, wo wir den einzig wahren Superhelden finden können?

Du bittest den Hasen um einen Hinweis, doch alles was er zu uns sagt ist:

„Sieh mit deinen inneren Augen„

Ich bin mir unsicher, ob uns dieser Hinweis bei unserer Suche weiterhelfen wird, gleichzeitig werde ich mir seine Worte merken. Vielleicht werden sie uns irgendwann doch noch nützlich sein. Der Hase verabschiedet sich und grillt seine Marshmallows über dem Feuer.

Was glaubst du, sind deine inneren Augen?

Tausche dich mit deinem Kind aus. Wichtig: Jede Definition ist ok, wir möchten nicht bewerten.

Der alte Baum

Unsere Sachen sind getrocknet und so machen wir uns wieder auf die Reise. Wir haben sicher noch einen weiten Weg vor uns und viel zu entdecken. Außerdem möchte ich bis zum Abendessen wieder zurück sein. Das habe ich mit meinen Eltern besprochen.

Und da mir wichtig ist, dass sich alle in der Familie an Absprachen halten, möchte ich bis zum Abendessen zurück sein.

Was ist dir wichtig?
Verlässlichkeit, Pünktlichkeit,
Vertrauen?

Tausche dich mit deinem Kind über Bedürfnisse aus. Was bedeutet Verlässlichkeit, Pünktlichkeit und Vertrauen? Was tut dein Kind, um sich dieses Bedürfnis zu erfüllen?

Hinweis: Jeder Erwachsene ist für die Erfüllung seiner eigenen Bedürfnisse UND die des Kindes verantwortlich - Sei Vorbild.

Nach einigen Metern steht plötzlich ein großer alter Baum auf unserem Weg. Er ist so groß, dass er über den gesamten Weg reicht.

Wollen wir versuchen, unsere Arme um ihn zu legen? Ich glaube kaum, dass wir ihn umfassen können, so dick ist der Stamm.

Als ich meine Arme um den Baum lege und mit dem Ohr seinen Stamm berühre, höre ich plötzlich ein leises Geräusch. Als komme dieses Geräusch direkt aus dem alten Baum. Ich erzähle dir davon und auch du legst deine Arme um den Baum.

Nun, wo es um uns herum ganz ruhig ist, kann ich plötzlich seine Worte hören. Er sagt: „Ich kann euch von ihm erzählen."

Bist du jetzt irritiert?
Oder bist du jetzt neugierig?
Hast du dich erschrocken?

Frage dein Kind: „Bist du jetzt ...?" Alle Gefühle sind ok und wollen NICHT bewertet werden. Auch du kannst dich mitteilen. Tauscht euch gemeinsam aus um den Gefühlswortschatz deines Kindes zu schulen.

Ich kann kaum glauben, was ich höre, doch auch du hörst seine Worte. Ich bin mir sicher, der Baum spricht mit uns.

„Von wem kannst du uns erzählen?„ wollen wir von dem alten Baum wissen. Er antwortet mit einer alten und sanften Stimme: „Von dem einzigartigen Superhelden, den ihr sucht. Ich bin so alt und habe schon so viel gesehen in meinem Leben, ich kann euch eine Menge von ihm erzählen.„

Wir beide sind total gespannt und freuen uns sehr darauf, die Geschichte des alten Baums zu hören. Und vielleicht erhalten wir mit seiner Geschichte sogar einen Hinweis, der uns direkt zum Helden führt. Wir lehnen uns also an den Baum und hören zu, was er uns erzählt.

Beschreib doch mal, wie du da neben mir sitzt und wie sich das für dich anfühlt.

Unser Verstand kann nicht unterscheiden, ob wir eine Situation tatsächlich erleben oder ob wir sie uns nur vorstellen. Es werden die gleichen körperlichen Empfindungen ausgelöst.

Unterstütze dein Kind aktiv dabei, sich diese Situation detailgenau vorzustellen. Fördere die Vorstellungskraft deines Kindes indem ihr alle Sinne mit einbeziht.

„Ich weiß alles über euren Superhelden„ sagt der alte Baum mit ruhiger Stimme. „Er ist ein ganz besonderer Mensch. Alles, was er schaffen möchte, schafft er. Alles, was er sich wünscht, erreicht er. Und alles, was er braucht, bekommt er. Dafür braucht er nichts weiter zu tun, als seine magische und ganz besondere Superkraft einzusetzen.„

Doch genau in dem Moment, als uns der alte Baum von der Superkraft erzählen möchte, fällt mir ein Tannenzapfen auf den Kopf. Noch bevor wir von der magischen Superkraft erfahren können, wird die Stimme des Baumes immer leiser.

Statt der Stimme des alten Baumes hören wir nun die Geräusche eines Eichhörnchens. Es sieht uns von der Spitze des Baumes aus an und fordert uns auf, weiterzugehen. Es erinnert uns an unsere Reise, die wir noch vor Eintritt des Sonnenuntergangs beenden wollen. Wir ziehen also unsere Rucksäcke an und gehen weiter.

Der magische Brunnen

Nach ein paar Schritten kommen wir an einen runden orangefarbenen Brunnen, der so groß ist wie ein Auto. Ein Brunnen mit kristallklarem Wasser. Das Wasser ist so klar und frisch, dass wir unseren Durst damit stillen möchten.

Welche Farbe hat das Wasser?
Magst du mal einen Finger eintauchen?

Konkrete Vergleiche schulen die Beobachtungsgabe deines Kindes.

Mit gezielten Fragen kannst du dein Kind animieren, ganz in die Visualisierung einzutauchen.

Nun, wo wir uns über den Brunnen lehnen, fällt uns das eigenartige Spiegelbild des Wassers auf. Ich kann es kaum glauben, nur du spiegelst dich in dem kristallklaren Wasser. Ich bin hier drin unsichtbar.

Was glaubst du, woran das liegt?

Das liegt bestimmt an dem Wasser, da bin ich mir sicher. Wundern tut mich das nicht, schließlich ist auf unserer abenteuerlichen Reise nichts normal.

Gerade Kindern, die sich in der magischen Phase, zwischen dem 3. und 6. Lebensjahr befinden, fällt es leicht, sich Dinge oder Situationen detailgenau vorzustellen.

Die Kristallhöhle

Nachdem wir unseren Durst gestillt und uns etwas ausgeruht haben, gehen wir weiter. Vor uns liegt ein gerader, langer Sandweg, der direkt in eine Höhle führt. Und obwohl der Weg endlos scheint, sehen wir schon jetzt das starke Funkeln, das aus der Höhle heraus tritt.

Ich kann es nicht abwarten, dieses Funkeln zu sehen und fordere dich zu einem Wettrennen heraus. Ein Rennen zur funkelnden Höhle. Wer als erstes ankommt, darf zuerst die Höhle betreten und sich das magische Funkeln ansehen.

Bist du bereit für ein Wettrennen? Oder möchtest du lieber gemeinsam mit mir zur Höhle gehen?

> Frage dein Kind aktiv, mit welchem Vorschlag es sich wohler fühlt. Die Formulierung „Bist du bereit?", ist eine Einladung. Dein Kind darf NEIN sagen. Bewerte die Antwort deines Kindes nicht und lasse sie so stehen.

An der Höhle angekommen, betreten wir sie gemeinsam. Was uns entgegen scheint sind hunderte Kristalle, die an allen Wänden und Decken hängen. Sie leuchten in den schönsten Farben. Wir sind total fasziniert, gleichzeitig erinnern wir uns daran, dass wir weiter wollen.

Beim Verlassen der Höhle stolperst du über einen kleinen, leuchtend grünen Kristall. Der ist vermutlich abgebrochen und herunter gefallen. Beim genauen Anblick fällt dir eine Gravur auf, die auf dem Kristall zu sehen ist. Hier steht geschrieben:

„Öffne das Schloss mit mir„

Du kannst dein Kind bitten, dir den Kristall zu beschreiben. Deine aktiven Fragen unterstützen es dabei, die Vorstellungskraft zu aktivieren. Gleichzeitig wird das Bedürfnis deines Kindes nach Gesehenwerden erfüllt.

Wir wissen nicht, was mit den Worten gemeint ist, auch können wir kein Schloss entdecken. Gleichzeitig beschließen wir, den Kristall in unseren Rucksack zu packen und mitzunehmen. Unser Ziel ist es schließlich, den einzig wahren Superhelden zu finden und da ist jeder Hinweis nützlich.

Wir verlassen die Höhle mit den Kristallen und machen uns auf den Weg. Weiter auf unserer Reise. Unser Ziel haben wir noch immer vor Augen und so folgen wir dem steinigen Sandweg, der vor uns liegt. Kannst du die kleinen Kieselsteinchen unter deinen Füßen spüren?

Wir gehen weiter. Weiter auf dem Sandweg, der auf eine große Wiese führt.

Wie sieht die Wiese aus?

Versuche dein Kind zu animieren, das Gesehene zu beschreiben. Was sieht dein Kind mit seinen inneren Augen – Was kann es sich vorstellen? Fragen könnten sein: „Was siehst du mit deinen inneren Augen? Welche Farbe hat das Gras? Sind dort Blumen? Welche Farben und Formen haben die Blumen?"

Der Lichtbogen

Als wir der Wiese immer näher kommen, fällt uns plötzlich ein hell leuchtendes, weißes Licht auf. Es leuchtet so stark, dass wir kaum hinsehen können. Dieses Licht hat die Form eines Bogens, der direkt über dem Boden schwebt. Vielleicht ist das der Ort, wo wir den einzig wahren Superhelden finden. Wollen wir einmal hingehen und nachsehen?

Bist du mutig?
Oder eher zögerlich?
Bist du neugierig?
Oder eher entspannt?

Gefühlswortschatz schulen: Biete deinem Kind auch gerne andere Gefühle an. Wichtig ist hier die Fragestellung „Bist du...?, da du nie sicher sein kannst, wie dein Kind sich fühlt.

Da du bei mir bist, fühle ich mich mutig, denn Zusammenhalt gibt mir Mut.

Es kann losgehen. Wir gehen zu dem Lichtbogen, dessen Licht mit jedem Schritt, den wir näher kommen, immer heller und heller wird. Als wir direkt davor stehen, nimmst du ruckartig meine Hand und zeigst auf ein Schild, auf dem etwas geschrieben steht. Es gelingt dir, das Geschriebene zu lesen. Es steht geschrieben: „Geh hindurch und scheine."

Was kann das bedeuten?
Was brauchst du, damit du durch den
Lichtbogen gehen kannst?

Überlege gemeinsam mit deinem Kind Strategien, die es dabei unterstützen können. Diese könnten sein: Hand halten, laut „Ahhhhh" rufen, Augen schließen.

Es gibt unzählige Strategien. Findet die jetzt gerade Passende.

Wir haben uns entschieden. Wir wollen gemeinsam durchgehen. Ich halte deine Hand und wir gehen gemeinsam durch den wunderschönen, leuchtenden Lichtbogen. Als wir genau unter dem Bogen stehen, scheint das Licht plötzlich auf uns über zu gehen. Ich spüre die Wärme des Lichts an meinem ganzen Körper. Es scheint durch mich hindurch zu fließen. Angst habe ich dabei keine, denn ich fühle mich wohl dabei.

 Wie fühlt sich das Licht in deinem Körper an?

Gefühle sind im Körper spürbar. Beispiel: Es kribbelt im Bauch, es ist warm in den Armen, es piekt im Rücken.

Tausche dich mit deinem Kind aus. Alle Empfindungen sind ok und wollen NICHT bewertet werden.

Ich sehe zu dir rüber und bemerke, dass das weiße Licht nun auch durch dich hindurch fließt. Du strahlst aus dem Inneren heraus. Ich sehe dein Lachen und es scheint auch dir zu gefallen. Als ich runter zu meinen Füßen blicke, sehe ich, dass das Licht, welches von oben durch mich hindurch fließt, meinen Körper an den Füßen wieder verlässt. Es fühlt sich wie eine riesengroße magische Lichtdusche an. Am liebsten würde ich den ganzen Tag hier bleiben, doch du erinnerst mich an unsere Reise. Bis zum Abendessen wollen wir den einzig wahren Superhelden finden. Wir treten also aus dem Lichtbogen heraus und gehen weiter.

Spürst du noch das Kribbeln in deinem Körper?
Wo spürst du es am stärksten?

Die Sonne geht langsam unter

Durch das helle Licht des Bogens haben wir übersehen, dass die Sonne beginnt unterzugehen. Uns bleibt nur noch wenig Zeit um den einzigartigen Superhelden zu finden. Bis zum Abendessen wollen wir schließlich zurück sein.

Schulung des Bedürfniswortschatzes.

Tausche dich mit deinem Kind über Bedürfnisse aus.

Wir gehen weiter und folgen den großen Pflastersteinen, die vor uns liegen. Dabei fällt uns etwas eigenartiges auf. Die Steine machen merkwürdige Geräusche, sobald wir wir sie betreten. Treten wir auf einen großen Stein, ertönt das Geräusch einer lauten Sirene. Berühren wir einen kleinen Stein, ertönt das Geräusch einer Hupe. Ich bin mir sicher, wir befinden uns kurz vor dem Ziel. Dieser Weg will uns bestimmt davon abhalten, weiterzugehen. Diese lauten Geräusche warnen den Superhelden, er möchte vielleicht seine Ruhe haben.

Was meinst du, braucht der Superheld?
Ruhe? Spiel und Spaß? Schlaf?
Oder ganz was anderes?

Doch wir bleiben dran und gehen weiter. Wir sind kurz vor dem Ziel und überlegen, wie wir die Pflastersteine überqueren können, ohne auf uns aufmerksam zu machen.

Der wichtigste Hinweis

Während wir nach einer Lösung suchen, hören wir plötzlich ein leises Geräusch. Wir schauen zurück und sehen den Hasen, der uns bereits zu Beginn unserer Reise begegnete. Erinnerst du dich noch an diesen Hasen, der auf dem Grashügel saß und Marshmallows im Feuer grillte? Da ist er wieder. Ob er dieses Mal einen Hinweis für uns hat, der uns bei unserer Suche weiter hilft?

In diesem Moment erinnerst du dich an die Worte des Hasens, die er uns zu Beginn unserer Reise sagte. Er sagte:

„Sieh mit deinen inneren Augen"

Vielleicht fällt es deinem Kind leichter, die Bezeichnung zu verstehen, wenn ihr Alltagssituationen mit einbezieht.

Zum Beispiel: Denke an deine Schuhe, wie sehen sie aus?

Der Papierflieger

Durch den Hinweis des Hasens kommt mir eine Idee. Lass uns unsere Vorstellungskraft für diese Herausforderung nutzen.

Wir schließen unsere Augen und stellen uns einen großen Papierflieger vor, der direkt auf uns zu fliegt. Wir sehen ihn mit unseren inneren Augen.

Kannst du dir den Papierflieger vorstellen?

Animiere dein Kind zu beschreiben, was es mit seinen inneren Augen sieht. Mit Fragen kannst du dein Kind aktiv dabei unterstützen.

Mögliche Fragen könnten hier sein: „Welche Farbe hat der Flieger? Wie groß ist er? Sind da Sitze drin?"

Gemeinsam steigen wir in den Papierflieger und schnallen uns an. Wir befestigen unsere Sicherheitsgurte und sind gespannt, was passieren wird. Plötzlich fliegt der Papierflieger weiter und wir schweben zusammen über die großen Pflastersteine, ohne sie zu berühren. Und tatsächlich, es bleibt still.

Es ist uns gelungen, eine Lösung zu finden. Wir mussten dafür nur unsere Vorstellungskraft nutzen und mit unseren inneren Augen sehen. Das wäre nie möglich gewesen, hätten wir den Hinweis des Hasens nicht erhalten.

Ein Ziel der Gewaltfreien Kommunikation ist es, Konflikte so zu lösen, dass alle bekommen, was sie brauchen. Es geht um Kooperation, statt um Machtausübung.

Kurz vor dem Ziel

Am Ende des Weges angekommen, steigen wir aus dem Papierflieger. Wir sind uns sicher, wir befinden uns kurz vor dem Ziel. Als unsere Füße wieder den Boden berühren, spüren und riechen wir saftige Erdbeeren. Ein großes rotes Erdeerfeld, mit hunderten wunderschönen Erdbeeren, liegt vor uns.

Wie fühlst du dich bei diesem Anblick?
Bist du glücklich?
Bist du hungrig, oder bist du satt?

Gefühle werden durch Bilder oder Handlungen ausgelöst und können stark variieren. Der Anblick des Erdbeerfeldes kann an verschiedenen Tagen verschiedene Gefühle auslösen.

Während ich mir gerade eine Erdbeere in den Mund stecke, stupst du mich plötzlich an. Du zeigst mir eine Kamera, die mitten im Erdbeerfeld liegt. Glaubst du, ihre Bilder geben uns einen entscheidenden Hinweis auf den Superhelden? Ich bin etwas aufgeregt, da wir nicht wissen, ob wir sie einschalten können, gleichzeitig freue ich mich darauf, endlich den Superhelden zu sehen.

Bist du neugierig und gleichzeitig etwas nervös?
Oder bist du auch aufgeregt und
gleichzeitig fröhlich?

Ersetze das Wort ABER durch GLEICHZEITIG. So stellst du sicher, dass beide Gefühle gleichwertig sind. Das Wort ABER ist ein Radiergummi für Akzeptanz des ersten Gefühls.

Versuche auch im Alltag das Wort ABER durch GLEICHZEITIG zu ersetzen.

Wir nehmen die Kamera in die Hand und versuchen sie einzuschalten. Doch so einfach, wie wir uns das vorgestellt haben. geht es nicht. Du bemerkst: In der Kamera befindet sich ein kleines Loch mit einem Schloss als Symbol. Bedeutet das, dass wir sie aufschließen müssen, bevor wir sie bedienen können? Ich bin mir sicher, doch doch wir haben keinen Schlüssel.

Bist du enttäuscht?
Bist du traurig?
Oder bist du genervt?

Es gibt so viele unterschiedliche Gefühle. Manche Gefühle ähneln sich und doch gibt es feine Unterschiede.

Plötzlich schnappst Du dir meinen Rucksack und suchst nach dem Kristall, den wir in der Höhle gefunden haben. Du erinnerst mich an die Worte, die auf dem Kristall eingraviert sind:

„Öffne das Schloss mit mir„

Du bist dir sicher, bei dem Kristall handelt es sich um den letzten Hinweis auf unserer Reise. Er ermöglicht uns einen ersten Blick auf das Bild unseres Superhelden. Wir werden die ersten sein, die ihn sehen können. Ich bin ganz aufgeregt.

Das Bild des Helden

Du findest den Kristall in meinem Rucksack und steckst ihn in das Loch der Kamera. Wir hören ein lautes Knacken und bemerken, wie sich die Kamera entriegelt. Wir können bereits einen Ausschnitt des Bildes sehen, welches aus der Kamera heraus tritt.

Endlich haben wir unser Ziel erreicht und ihn gefunden. Wir sind die ersten, die ihn zu Gesicht bekommen. Endlich wissen wir, wer dieser einzig wahre Superheld ist.

Der Held mit der besonderen Superkraft, seiner Vorstellungskraft. Der Superheld, der mit seiner Vorstellungskraft in der Lage ist, alles zu schaffen, was er sich vornimmt. Der Superheld, der mit seiner Vorstellungskraft alles erreicht, was er sich wünscht. Der Held, der etwas ganz Besonderes ist. Der Superheld, der grenzenlos geliebt ist. Unser Held.

Bist du bereit das Bild des Superhelden zu sehen?

Antwortet dein Kind mit einem JA, dann geht es weiter. Antwortet dein Kind mit einem NEIN, frag es: „Bist du nervös und brauchst eine Pause? Oder bist du ein wenig ängstlich und brauchst Sicherheit?"

Finde heraus, was dein Kind braucht, um fortzufahren. Evtl. geht es auch erst morgen weiter. Tipp: Versuche die Frage „Bist du bereit?" in euren Alltag zu integrieren. Wichtig: Ein NEIN ist erlaubt.

Du bist es

Du bist dieser Superheld.

Du bist der Held, der mit seiner Vorstellungkraft alles erreichen kann, was er sich wünscht.

Du bist der Superheld, der in der Lage ist, alles zu schaffen, was er sich vorstellt.

Du bist etwas ganz Besonderes.

Du bist grenzenlos geliebt.

Du bist unser Superheld.

Und zweifelst du einmal an dir, erinnere dich einfach an deine Superkraft.

Klebe hier ein Bild deines Kindes ein.

Unser Superheld

Wie fühlst du dich als Superheld?

Bist du stark?

Bist du mutig?

Oder bist du besonders?

Formuliere aus dem Gefühl / den Gefühlen deines Kindes einen Glaubenssatz.

Ich bin ....
....
Ich bin ein Superheld

Animiere dein Kind, diesen Glaubenssatz jeden Tag, z.B. vor dem Schlafengehen, mehrmals laut auszusprechen.

Worte zum Abschluss

Dein Kind handelt immer für sich,
nicht gegen dich.

Mit jedem Verhalten versucht dein Kind, sich ein Bedürfnis zu erfüllen.

Setzt es sich hierfür unmissverständlich und lautstark ein? Von Herzen unsere tiefste Anerkennung. Nur mit einem starken Selbstwert sind wir in der Lage, uns für unsere Bedürfnisse einzusetzen.

Mit seinem Verhalten löst dein Kind Gefühle in dir aus.

Die Ursache dieser Gefühle sind deine erfüllten oder unerfüllten Bedürfnisse. Achtest du deine eigenen Bedürnisse und setzt dich eigenverantwortlich für die Erfüllung dieser ein, bist du in der Lage, Konfliksituationen entspannter zu begegnen.

Kinder spiegeln uns unsere Glaubenssätze.

Fühlst du dich in Konfliktsituationen von deinem Kind provoziert oder reagierst unkontrolliert auf bestimmte Verhaltensweisen oder Gefühle? Womöglich trifft dein Kind auf Wunden in deinem Unterbewusstsein- auf negative Glaubenssätze. Dies darfst du als Einladung verstehen, bei dir zu bleiben, deine alten Verletzungen anzusehen und nachhaltig zu heilen.

Danke!